For my very good
friends
Ted + Barbara
from Jürgen
4/12/09

Jürgen Runau

125 Gedichte für Konsumenten

Titelbild: Anne Runau
Redaktion: Anja Runau

© 2009 Jürgen Runau

Herstellung und Verlag:
Books on Demand GmbH, Norderstedt
ISBN 978-3-8370-8162-6

Bibliografische Information der Deutschen
Nationalbibliothek
Die deutsche Nationalbibliothek verzeichnet diese
Publikation in der Deutschen Nationalbiografie;
detaillierte bibliografische Daten sind im Internet
über http://dnb.d-nb.de abrufbar.

Inhalt

Konsum, Konsum

Beziehungen

Politisches

Kritik, Kritik!

Tierisches

Nonsense aber heiter

Balladen

Sportliches

Gesellschaftliches

Selbstporträts

Konsum, Konsum !

Wachstum

Ihr müsst kaufen, kaufen, kaufen!
Konsum, Konsum, Konsum!
Konsum hält die Wirtschaft am Laufen,
verehrtes Publikum!
Wer nicht kauft, der fördert
das Nullwachstum, die Stagnation.
Das schadet der heimischen Wirtschaft
und damit der ganzen Nation!
Also öffnet die Taschen. Kauft!
Ignoriert die Waagen. Esst, fresst und sauft!
Schweinswürste, Bauchfleisch und Haxen.
Wachstum heißt: Ihr müsst wachsen!

Ideen

Ideen muss man nicht haben,
Ideen kommen und geh'n.
Mal fallen sie ein,
mal fallen sie aus.
So ist das nun mal mit den Ideen.

Das Urteil fällt der Leser.
Oder der Konsument.
Oder es fällen beide,
falls der Eine den Anderen kennt.

Das Testament

Als der Notar des Grafen Tessenaar
das Testament des Grafen erst öffnete
und dann verlas, wurden die Erben fahl.
Wenn ich einst vor die Hunde gehe,
hatte der Graf verfügt,
will ich als Chappi enden nicht als Pal.

Reisezeit

Wenn Freund Hein[1] im Zimmer steht,
möchte der, den er holt, gern wissen,
wohin die letzte Reise geht.
Fegefeuer? Ein dunkles Verlies?
Himmel? Hölle? Das Paradies?
Auf die Bänke des Jüngsten Gerichts?
Freund Hein lächelt fein:
Ohne meinen Alltours sag ich nichts.

[1] Freund Hein: norddeutsch für Gevatter Tod

Nespresso

Wie heißt noch dieser Kinoheld,
der einer Frau den Weg verstellt
zum Espresso-Automaten?
Der nicht glauben kann,
dass sie Kaffee will
statt von ihm ein Autogramm?
Jetzt fällt es mir ein: Ocean.
Billy Ocean heißt der Mann.

Geruch, sichtbar

Sie schritt durch hohe Räume,
die Kamera fest im Blick.
Sie entledigte sich ihrer Kleider
im Gehen, Stück für Stück.
Bis nur ein Duft sie umhüllte,
ein betörender Duft ganz allein.
Das neue Parfum aus dem Hause
des Duft-Createurs Guerlain.

Ich bin doch nicht ...!

Die Entblödung findet werktäglich statt;
für jeden, der das Bedürfnis hat,
von acht bis zwanzig Uhr.
Bar oder per Karte, ganz egal,
nicht blöd sein wollen ist hier normal.
Doch was machen die Blöden am Sonntag?
Wer therapiert sie dann?
Da rufen sie nach der Poltitik.
„Öffnet die Läden rund um die Uhr,
damit man auch sonntags einkaufen kann,
Elektronik mit glänzender Politur."

So sei es. Ruft nur laut und lauter.
Hoch lebe die Entblödungskultur!

Sex sells

Er flieht, verfolgt von 100 Frauen,
einen weißen Strand entlang.
Ein Dieb? Ein Schwindler?
Was hat er verbrochen?
Den 100 Frauen die Ehe versprochen?

Nichts davon. Alles ohne Belang.
Er hat sie nur hormonell verstört.
Sein Deo hat ihre Sinne betört.

Werbeträger Schwein

Verzeiht mir, Eure Rosigkeit:
Hab ich Schwein, wenn ich saubillig kaufe
oder falle ich saumäßig rein?
Wenn ich Euren Worten trau:
Bin ich am Ende die dumme Sau?

Ich denke, ich lasse es sein.
Herr Ober, heute mal nichts vom Schwein.

Herrenmode

Er war ein Modezar, ein Superstar.
Er hat die Herrenmode revolutioniert.
Besonders seiner letzten Kreation
wurde weltweit begeistert applaudiert.
Als Erster seiner Zunft hat er die Herrensocken
mit „L" für links und „R" für rechts markiert.

Telenovelas

Sie bedienen Emotionen mit allen Variationen
von Liebesglück und -schmerz.
Durch das Auge mitten ins Herz:
So verlangt es der Kommerz.

Geistiges

Der Geist in der Flasche,
der Wünsche erfüllt,
ist immer noch erste Wahl.
Wer einen Chef
in Flaschen gefüllt
als Duft verschenken möchte,
der nimmt „Boss bottled"
aus dem Regal.

Energiepreise

Wer es kann,
denkt sich Alternativen aus.
Wem Diesel zu teuer geworden ist,
der steigt um auf Levi Strauss.

Nostalgie

Vom Tellerwäscher zum Millionär:
Wie viele Jahrzehnte ist das her?
Traumkarrieren wie diese
sind seit Langem prekär.
Die Teller waschen Maschinen,
den Wäscher gibt es nicht mehr.
Und mit ihm verschwand der Traum
vom Wäscher zum Millionär.

Das Bibelwort

Ich lese hin und wieder in der Bibel,
bekennt der Werbemann.
Und manchmal finde ich Begriffe,
die ich beruflich nutzen kann.
Geiz zum Beispiel wird als Todsünde verdammt.
Aber passt das noch in die Zeit?
Ist Geiz nicht eine Tugend,
mit der man die Jugend
erzieht zu größerer Sparsamkeit?
Aus diesem Grunde erschaffe
ich einen neuen Reiz.
Die Lust zu sparen ist geil.
Der Drang zu sparen heißt Geiz.

Gammelfleisch

Er lebte von Fleisch,
Fleisch war sein Leben.
Er wusste, wie man Kunden gewinnt.
Das Fleisch war willig
und unfassbar billig.
So wurde er reich:
Durch Überkleben.

Pharmaka

In der Pipeline reifen Arzneien
zu Tabletten dick und rund.
Dann prüfen sie Analysten
mit glänzendem Befund.
Blockbuster! Millionenseller!
Noch nie war'n die Bilanzen
so rundherum gesund.
Und ich? Und Du?
Wir zahlen zu.

Blutdiamanten

Sie liebte den Glanz der Steine,
das Funkeln im Gegenlicht.
Das Blut, das den Glitzerglanz trübte,
diese Einschüsse sah sie nicht.
Tut mir Leid, sagte sie.
Dazu fehlt mir die Fantasie.

Amerikas Seele

Sie kennen ihn, wie ich ihn kenne;
und mir war klar als ich ihn sah:
Der Mann ist typisch für die USA.
Er warb im Fernsehen für irgendwas
von Puma oder Adidas,
die Werbebotschaft hab' ich längst vergessen.
Sie musste einer anderen Botschaft weichen:
Der Mann entblößte seine Seele.
In seinen Augen blinkten Dollarzeichen.

Schokoriegel oder was?

Keine Atommülldeponie
auf dem Mars, in der Galaxie!
Las ich an einer Häuserwand.
Warum nicht? fragte ich mich.
Für die Menschheit wär's ein Glück.
Bis auf der nächsten Häuserwand
die Antwort auf meine Frage stand:
Mars bringt verbrauchte Energie
sofort zurück.

Altmodisch

Ich will am Computer nicht navigieren
sondern mein eigenes Hirn aktivieren.
Und wenn ich spiele, dann nicht mit Konsolen.
Ich will den Verfolgten selber einholen,
auf eigenen Beinen
und nicht per Knopfdruck als Sieger erscheinen.
Antiquiert? Längst aus der Mode?
Vielleicht. Doch Computerspiele
langweilen mich zu Tode.

Prinz Karneval

Er steht auf der Bühne, prächtig gekleidet
und niemand erkennt, wie sehr er leidet.
Bis er plötzlich zusammenbricht.
Die Notärztin macht ein ernstes Gesicht.
„Ich fürchte, er hat eine Embolie,
ausgelöst durch zu große Hitze.
Er muss sofort in die Chirurgie!"
Der behandelnde Arzt korrigierte sie.
Ein schwieriger Fall, der Prinz Karneval.
Er hat im Kopf eine Deponie
für geschmacklose Karnevalswitze.

Reich an Geist

Er war ein Geistesmensch und suchte Geistiges,
wo er sich auch befand.
Es war vor allem jener Geist,
der kleingedruckt auf Flaschenetiketten stand.

Der Zug nach nirgendwo

Er inhalierte
den Duft der großen weiten Welt.
Bis seine Lunge kollabierte.
Der Duft, die bunten Bilder:
Alles Lug und Trug?
„Steig ein", sagte Freund Hein.
„Zeit für den letzten Zug".

ES

Es war nicht klug, aber erklärlich.
Weder öko noch logisch, sogar entbehrlich.
Es war in Wahrheit nur eines: Ehrlich.
Wahrhaftig, denn er wollte es:
Den neuen Audi mit mehr PS.

Tücke des Reims

Manche Reime sind einfach:
Tatort reimt sich auf Mord.
Aber was ist auf „Wolfsbarsch"
das entsprechend passende Wort?

Da hilft nur die Flucht in die Fremde.
Hallo, Freunde, seht her!
Ich hab' einen neuen Gürtel
aus der Haut eines Loup de Mer.

Ostern

Der Papst, auf Spanisch Papa genannt,
segnet die Menschen und das Land.
Währenddessen essen Touristenscharen
Papas mit Soße auf den Kanaren.
Was alle Welt brennend interessiert:
Werden im Vatikan „Papas" serviert?

Beziehungen

Liebeserklärung

Geliebter! Du bist mir alles.
Himmel und Erde, Wüste und Meer.
Entzückend! Und was mehr?
Zur Zeit mehr Wüste, mon cher.

Unfrommer Wunsch

Ich möcht' mich betrinken,
trunken in Deine Arme sinken,
heute und hier.
Dich lieben, bis ich den Kopf verlier'.
Du siehst mich an und ich merke schon:
Du bist nur scharf auf den Finderlohn.

Mißverständnis

Er ist Rennfahrer, ein Mädchenschwarm.
Er hat Benzin im Blut.
Das entfacht in Frauenherzen
eine ganz besondere Glut.
So weit so gut.
Schade nur: Er hat mit Frauen
nichts am Hut.

Ein modernes Paar

Sie liebten sich. Und sahen sich so oft
es eben ging.
Sie schwebten sanft auf rosaroten Wolken,
obgleich der Himmel voller Ozon-Killer hing.

Sie war geheimnisvoll.
Er wusste lange nicht, was ihr Geheimnis war.
Doch dann – sie saßen grade im Café -
sprach er zu ihr: Jetzt weiß ich es.
Jetzt ist mir klar, warum Du strahlst,
wann immer ich Dich seh'.
Du bist in Tschernobyl gebor'n
und nicht am Tegernsee.

Geschlechterkampf

Frau macht auf fatale, wirft sich in Positur.
Mann ist die marginale, sich duckende Randfigur.

Mann macht auf Kannibale,
zeigt frauenverschlingende Gier.
Frau ist das vaginale,
hingebungsvolle Tier.

Matriarchat? Patriarchat?
Fragt Dr. Sommer. Der weiß Rat.

Der Bringer

Er bringt ihr nie Blumen mit
und auch kein Prada-Kostüm.
Nie eine CD mit dem neuesten Hit
oder ihr Lieblingsparfum.
Warum?
Kommt sie ihm noch einmal dumm,
bringt er sie um.

Rosenkrieg

Was, weshalb und wie?
Sie trat ihm genau vors Knie.
Warum?
Sie holte gerade aus,
da drehte er sich um.

Liebeserklärung II

Ich. Pause. Ich.
Liebe nur mich.
Doch in den Pausen,
lieb' ich auch dich.

Phil

Er war nicht homo
nur objekto;
doch das war seiner Frau zu viel.
Ich kann nicht glauben, dass es
so was gibt:
Ein Mann, der einen Gabelstapler liebt.
(Sat 1, Niedrig & Kurth, 19.12.2007)

Ich – AG

Ihr Geschäft, Vermietung und Verpachtung,
betrieb sie in aller Öffentlichkeit.
Sie vermietete Körperöffnungen,
ambulant und für kurze Zeit.

Geständnis

Ich träume. Träume ich von Dir?
Oder von ihr?
Oder von mir?
Ich träum' von kopflosen Gestalten,
die sich stets wie Du verhalten.

Lieblingsblume

Seine Lieblingsblumen, sagte er,
seien die Herbstzeitlosen.
Doch in Wahrheit -
er war Psychiater -
liebte er die Neurosen.

Das Duett

Er sagt ja, sie sagt nein.
Er schläft aus, sie schläft ein.
Er mahlt grob, sie mahlt fein.
Er steigt aus, sie steigt ein.
Er trinkt Bier, sie trinkt Wein.
Werden sie niemals einig sein?
Er singt falsch, sie stimmt ein.

Fresslust

Er hatte sie zum Fressen gern,
doch an ihr biss er sich die Zähne aus.
Man sollte eben nie vergessen:
Couchpotatoes kann man nicht essen.

Unterschiede

Was ist männlich?
Dinge zu wollen, die er nicht kann:
Das ist Mann.
Was ist weiblich zu kritisieren?
Im Kaufhaus 20 Teile probieren
und behaupten, sie passten in keines rein:
So herzlos können nur Frauen sein.

Politisches

Wählers Wille

Den Wählern wurde das Treiben
der einen Partei zu bunt.
Sie wählten deshalb -
nicht ohne Grund -
ein naturwissenschaftliches
Phänomen.
Jetzt wackelt der Schwanz
mit dem Hund.

Polit-Talk

„Das große Ganze ist uns wichtig.
Nicht nur das Ganze: Auch das Große.
Das ist die Zukunft, die wir seh'n.
Das ist der Weg. Den werden wir geh'n."
Stimme aus dem Publikum: „Es reicht.
Jagt den Schwätzer aus dem Haus!"
Applaus. Nicht endenwollender Applaus!

Landtagswahl 2008

Erst trat er zurück,
dann trat ihn ein Pferd.
Oder war das Ganze umgekehrt?
Trat er zurück, weil ihn ein Pferd ...?
Die Hochrechnung um 18 Uhr
hat ihm den Pferdetritt beschert.

Olympia 2008

Pekingenten groß und klein,
möchten gern was anderes sein.
Statt kross gebraten für Konsumenten,
wären sie lieber Zeitungsenten.
Dann könnten sie die Welt bereisen
und Chinas Menschenrechte preisen.

Rote Liste

Der Minister hatte den Artenschutz
zur Chefsache gemacht.
Seitdem wird das ganze Kabinett
bei Tag und Nacht von Gorillas bewacht.

Eminenzen

Eminenzen sind meistens grau,
borstenviehähnlich und superschlau.
Man sieht sie nicht.
Sie scheuen das Licht,
an das die drängen,
die an den Fäden der Grauen hängen,
Politiker aller Couleur.
Gibt es sie noch, diese Eminenzen,
die nie auf offener Bühne glänzen?
Nein, die Grauen gibt es nicht mehr.
Sie ersetzte ein Lobbyistenheer.

Genießen / Genossen

Sie können es nicht mehr genießen:
Die Umfragewerte, das Bad in der Menge,
der vollen Säle drangvolle Enge.
Menschen, denen sie Botschaften bringen,
die freudig an ihren Lippen hingen.
Vorbei.
Was blieb ist politischer Einheitsbrei,
misstönendes Koalitionsgeschrei.
Das macht die Leute verdrossen.
Ihr Verdruss vergrämt die Genossen.

Führernatur

Ich bin der Leitstier, sprach das Alphatier.
Folgt mir!
Die Beta, Gamma usw. murmelten Protest.
Warum sollten wir?
Weil ihr den Weg nicht kennt.
Und weil ihr, ohne meine Führung,
ins Verderben rennt.
Seht mich an!
Mein Blick schweift weiter in die Ferne,
als eurer jemals schweifen kann.
Ich schlage die Trommel!
Folgt dem Tam-Tam!

Parteisekretär

Der Parteisekretär bei „hart aber fair"
wollte um jeden Preis wichtig sein
und mischte sich überall lautstark ein.
Dabei war er in Wahrheit ein ganz kleines
Licht. Ein Wichtigtuer. Ein echter Wicht.
Das wusste er auch, aber glaubte es nicht.

Vorbild

Er war ein politisches Genie
und Geliebter der Kaiserin.
Jedoch, das ist längst vergessen,
kommt niemandem mehr in den Sinn.
Doch ist er bis heute Vorbild
für viele Männer und Frauen.
All jenen, die ihren Wählern
Potemkinsche Dörfer bauen.

Wahlkampf

Ich habe Großes für euch vor!
Ich nehme alle Hürden.
Ich verspreche hoch und heilig:
Nichts bleibt so wie es ist!
Dann war er in Amt und Würden
und wurde Minimalist.

Alptraum

Dort, wo die Träume entstehen
herrscht ein ständiges Kommen und Gehen.
Ein Monster hier, eine Ratte da,
ein Geier, ein Geist, ein Jaguar.
Und dann ein Alptraum der Sonderklasse,
dass einem das Blut in den Adern gefriert:
Ein Präsident, der mit Bomben regiert.

Der Ex-Ministerpräsident

Er wäre gern weiterhin, was er war;
doch dann, am Morgen, wurde ihm klar,
als er im Fond seines Wagens saß und
befahl: „Wie immer, die gleiche Tour."
Er hatte die Wahl verloren.
Es war niemand mehr da, der ihn fuhr.

Bei Anne Will

Ich könnte mir vorstellen,
wenn ich so höre,
was Politiker sagen
auf ihre Fragen,
dass die Wähler, zum Schrecken der Parteien,
statt zu wählen in die Wahlurnen speien.

Wahlvolk

Es war groß und artig
wie das Volk dem,
der sich wählen lassen wollte
seine Anerkennung zollte.
Mit seiner weißen Weste
war er das Bild von einem Mann.
Doch auf die Weste blickte keiner.
Sie alle blickten tiefer
und wollten nur eines wissen:
Hat er für uns die Spendierhosen an?

Farbenlehre

Grün ist Kult und die Farbe der Bewegung.
Schwarz ist schuld an der wachsenden Erregung
über Klimawandel und Artentod.
Doch wofür steht die Farbe rot?
Für die nie verrauchte Wut
über unnütz vergossenes Blut
der hunderte Millionen
in Kriegen und Revolutionen.

Klarheit

Der Chef gab die Parole aus:
„Wir setzen an zum Höhenflug.
Glückauf, Genossen, schnallt euch an.
Der Treibstoff, der uns fliegen lässt,
ist unser neues Wahlprogramm."
Der Start misslang,
weil jeder Flügel, links wie rechts,
auf andere Zielvorgaben drang.
„Höhenflug", so sagten beide,
„ist kein Wert für sich allein.
In großer Höhe sieht die Basis
uns Volksvertreter winzig klein.
Und denkt und sagt: Seht die da oben.
Warum sind die so abgehoben?
Wir müssen unser Wahlprogramm
noch einmal auf den Prüfstand stellen."
Nach langer Diskussion und manchem lauten Ton,
fassten die Gremien beider Flügel
gemeinsam den Beschluss,
dass das Programm,
um letzte Klarheit zu gewinnen
noch einmal durch die Kläranlage muss.

Am schwarzen Brett

Dichter sucht Verdichter
der Sprache komprimiert,
die dann kurz und bündig
Poetisches gebiert.
Politiker sucht Verstärker,
die seinen schwachen Reden,
mitreißende Überzeugungskraft
und beißende Schärfe geben.

Diese Suchanzeigen stehen
schon lange am schwarzen Brett.
Denn die Wahrheit ist unerbittlich:
Wer so etwas mittels Anzeige sucht,
ist wahrhaft unterdurchschnittlich.

Bedeutungswandel

Sein Streben galt Ruhm,
sein Stolz dem Heer.
Jedes Wort von ihm
war bedeutungsschwer.
Wenn er Krieg befahl
und bittere Not,
blieb dem Volk keine andere Wahl,
als seinem Befehl zu folgen
bedingungslos bis in den Tod.

Eine andere Zeit? Vergangenheit?
Es gibt ihn noch, in andrer Gestalt
und nicht mehr als Schicksal vieler.
Der Kaiser heut' : Ein Fußballspieler.

Kritik, Kritik!

Klimagipfel

Der Planet ist nicht gesund.
Befall durch Menschen lautet der Befund.
Wir fragen die Autoritäten:
Was rettet den blauen Planeten?
Eine menschenvernichtende Epidemie?
Ist das die richtige Therapie?
Natürlich nicht!
Eine manipulierte Biologie?
Eine Änderung unserer Philosophie?
Oder gar ein Biotikum?
Aussitzen, lautet die Parole.
Die Menschheit bringt sich selber um.

Verwandlung

Eine Metamorphose kommt langsam,
doch diese kam schnell wie nie.
Über Nacht wurden Banken
zur Giftmülldeponie.

Der Hedger

Der Hedgefond-Manager,
ganz Global-Player,
pries sich als Retter in der Krise.
„Mit Eurem Geld rette ich die Welt!"
Sie glaubten ihm und niemand fiel
ihm in den Arm.
Dann machte er sich reich und alle
and'ren arm.

Subprime

Erst war sie fern,
dann war sie nah.
Die Krise kam,
dann war sie da.
Banker offenbaren, dass sie
der Teufel reitet.
Politiker hingegen
waren nicht vorbereitet.
Sie greifen in den Steuersack,
und retten das eitle Bankerpack,
die Herren der Welt
mit unserem Geld.

Finanzkrise

Sie schufen aus Derivaten,
Knock-out-calls und Zertifikaten,
die schöne neue Welt,
in der ein Renditeversprechen
für ewige Zeiten hält.
Jetzt jammern die Wallstreet-Banker:
„Komm König Midas, hilf!
Das haben wir nicht gewollt!
Mach aus dem Müll, den wir schufen,
durch bloße Berührung Gold!"
Doch der König schweigt.
Stattdessen gellt Volkes Stimme
in den Ohren der Wallstreet-Banker.
„Schwindler! Betrüger!
Hol Euch der Henker!"

Captain Obama

Er stand breitbeinig an Deck,
den Blick nach vorn gerichtet.
Dort hatte er am Horizont,
die nächste Krise gesichtet.
Unter Deck drängt sich die Schar
der Bankrotten und Insolventen,
verzweifelt und jeder Hoffnung bar:
Amerikas Konsumenten.
Geschüttelt von einem globalen Sturm,
der hatte das Schiff fest im Griff.
Und unter der Wasserlinie
lauert das tödliche Riff.
Der Schuldenberg, das große Desaster,
der Leichtsinn der ganzen Nation.
Und alle hoffen: Nur einmal noch!
Auf die große Absolution.
„Lass unser Schiff nicht zerbrechen!",
betet die Banker-Fraktion.
„Dann geben wir Dir ein Versprechen:
Nie wieder leidet das Volk
durch uns diese Höllenqual.
Das schwören wir!
Bis zum nächsten Mal."

Tarifgespräch

Ich weiß nicht mehr in welchem Jahr,
doch ich weiß noch genau, wie es
damals war
am Verhandlungsort:
Die Gewerkschaft verlangte statt Geld
ein Wort.
Arbeitskraftgeber statt Arbeitnehmer.

Die Arbeitgeber beschlossen, mit einem
Bibelzitat, die Forderung abzulehnen:
Geben ist seliger als nehmen.

Arbeitskraftgeber

Seht sie euch an, wie sie da steh'n
und mit bangem Blick in die Zukunft seh'n.
Zwangskostümiert als Kostenstellen,
ständig bedroht von Entlassungswellen.
Bin ich noch profitabel?
Oder schon nicht mehr akzeptabel
für die Zahlenfetischisten
mit ihren Kosten/Nutzen-Listen?
Werde ich mitleidslos aussortiert?
Ist so die Wirtschaft organisiert?

Aber nein. Doch nicht hier!
Sondern nur da: In Amerika.

Weiterentwicklung

Es ist eine Software entwickelt worden
die Erbsen zählen kann.
Was Erbsenzähler bisher
in die Debatte warfen,
macht in Zukunft ein Computerprogramm.
An die Erbsenzähler aus Fleisch und Blut:
„Es ist Zeit! Nehmt endlich euren Hut!"

Zukunft

Die Vielfalt im Regenwald
ist Millionen Jahre alt.
Aus Vielfalt wird Einfalt
wird Soja, wird Sprit.
Und tonnenschwer Kohlendioxid.

Rasse

Was ist Rasse?

Kleine Menge, große Masse?
Geboren mit Gold oder Sand im Mund?
Mit Stammbaum geadelt wie ein Hund?
Rasse ist Zufall und niemals Wahl.
Ein Merkmal, nichts weiter und völlig egal.
Jeder von uns ist ein Original.

Fortschritt

Ist Camcorder
die Weiterentwicklung der Kämme?
Oder Spongebob
die Wiedergeburt der Schwämme?
Verhindert Vorsprung durch Technik
die lästigen Autobahnstaus?
Was, zum Teufel, macht Fortschritt aus?
Die Menschheit sitzt am Computer
und kommt nicht mehr aus dem Haus.

Katastrophal

Ob horizontal oder vertikal,
ob monokausal oder digital,
ob marginal, radikal, optimal,
ob rectal verordnet oder oral,
ob monumental oder minimal:
Den Armen der Welt ist das egal.
Sie haben global absolut keine Wahl.
Für sie ist die Erde ein Jammertal.

Genfood

Ist die genetisch mutierte
auf Haltbarkeit manipulierte
Tomate wirklich gesund?
Es gibt 12 Billionen Bakterien,
die in meinem Magen und Darm
die Verdauung organisieren.
Wie werden diese Billionen
auf die Genfrucht reagieren?

Die Ungewißheit ist schwer zu ertragen.
Man sollte sie fragen.

Tierisches

Tierliebe

Wer den Hund nicht ehrt,
ist der Katze nicht wert,
Tierfreunde müssen flexibel sein.
Wer die Ratte nicht mag,
liebt vielleicht das Schwein.
Oder anmutig springende Antilopen.
Oder nachtschwarze Panther
auf samtweichen Pfoten.
Und sowieso: Den grauen Gorilla
im Münchener Zoo.
Lang lebe gerade er.
Auch wenn er mir immer den Rücken zukehrt:
Ich mag ihn sehr.

Hundeleben

Im Gegensatz zum Menschen
küsst der Hund nicht auf den Mund.
Wie Gürteltier und Ratte,
Wildschwein und Schakal
küsst der Hund anal.

Nur in Hundeadelskreisen
der Etikette und Gebote
küsst der Schoßhund auf die Pfote.

Hundsberühmt

Hundefreunde, ratet mit:
Welcher bunte Hund vertritt
Amerika, die USA,
in den Herzen fern und nah?
First Dog aus dem Weißen Haus,
weiß und schwarz und pudelkraus?
Oder der vom Imbißstand,
Hot Dog aus dem Fast-Food-Land?
Von den beiden keiner.
In den Herzen wohnt nur einer.
Der, den Charles M. Schulz erfand
und als „Snoopy" weltbekannt.

Rättisch

Die Beutelratte trug im Beutel
eine Beutelratt-Attrappe.
Was ist daran sonderbar?
Die Attrappe machte klar,
dass sie nur schein-schwanger war.

Scheinheilig

Er kam saudumm zur Welt,
doch er hatte Schwein:
Der Defekt, der ihm angeboren schien,
erwies sich als Heiligenschein.

Der Spezialist

Ein hochbegabtes Trüffelschwein
wollte kein Trüffelschwein mehr sein.
Tag für Tag, so klagte es,
wühle ich mit der Schnauze im Dreck.
Zu welchem Zweck?
Kaum habe ich Trüffel gefunden,
nimmt man sie mir weg.
Ich habe es so satt!
Mitleidloses Gelächter.
„Was willst Du denn machen, anstatt?
Umschulen auf Schinkenlieferant?
Oder Chef im Gourmet-Restaurant?
Wo Du mit selbst erschnüffelten Trüffeln
die edlen Speisen verfeinern kannst?
Nein! Du wirst nie etwas anderes sein,
als das, was Du bist: Ein Trüffelschwein."

Nomen est Omen

Der Holzwurm heißt so
wie er heißt,
weil er sich nur
durch Hölzer beißt.
Würde er Bacardi saufen,
müsste man ihn anders taufen.

Nonsense aber heiter

Anzüglich

Kadaver ziehen Geier an.
Wer zieht den eleganten Mann
für hohe Feiertage an,
damit er, sollten sie sich treffen,
mit Geiern konkurrieren kann?

Afrika

Das kann nicht sein:
Der Zahn des Elefanten
ist einer Elfe Bein?
Und was ich auch gern wüsste:
Spielen beim Afrika-Fußball-Cup
elf Elfen für die Elfenbeinküste?
Ist ein Ball auch in Afrika König?
Man weiß zu wenig.

Sinnsuche

Wie kam der Bär zum Lauch?
Und auch, gleich deutungsschwer,
wie kam der Wolf zum Wer?
Es stimmt: Sucht man Gemeintes,
stößt man auch Ungereimtes.

Poker

Am Pokertisch sitzen Hai und Fisch
einträchtig Seit' an Seit'.
Das Problem dabei:
jeder Fisch glaubt, er sei
am Tisch der einzige Hai.
Dann spielt und verspielt er selbstvergessen
sein Geld bis zum letzten Jeton.
Zum Schluß sitzt der Hai allein am Tisch.
Alle Fische hat er gefressen.

Schnellgericht

Das Urteil war schnell gefällt:
Der Angeklagte ist vertiert.
Ob intro oder extro
hat niemand interessiert.

Die 500.000 EURO-Frage

Der Quizmaster, ganz väterlich gestimmt,
fragt: „Kindchen, sag' mir doch geschwind,
worin Spinnacker und Spin Doctor
abhängig voneinander sind?"
Daraufhin sagt das kluge Kind:
„Der eine braucht, der andere macht den Wind."

Adel verpflichtet

Herr von Hundsfottich lebt in einem Bottich.
Mit ihm Adele, die treue Seele.
Ihre Tochter Marie-Antoinette
lebt in einer Maisonette.
Die jüngere Tochter Agathe
ehelichte Baron von Ross.
Seitdem lebt sie in einem Schloss.

Die Hundsfottichs sind glücklich,
sie verlangen nicht viel.
Nur zum Namen das passende Domizil.

Kinderfragen

Wie breit ist der Strom?
Wie klein ein Atom?
Schwimmt im Atomstrom ein Neutron?
Oder 2 oder 3 oder 4?
Verkauft die Energiewirtschaft Bier?
Berechtigte Fragen?
Ich glaube schon.

Balladen

Die Ballade von Hemd und Rock

Das Hemd ist näher als der Rock?
Der Gedanke war ihm fremd.
Ihm war'n die Weiberröcke
stets näher als das Hemd.

Er jagte sie europaweit
mit wachsender Besessenheit.
Bis zu jener Nacht, die er niemals vergisst.
Eine Nacht, so schwarz wie das Jüngste Gericht.
„Monsieur, was ist?
Ich spüre Sie nicht."

Sollte das alles gewesen sein?
Die Tête à Tête beim Kerzenschein?
Die Lust im stillen Kämmerlein?
Es musste ein Mittel geben
im Reich der Pharmazie
gegen das Unwiderrufliche
der menschlichen Biografie:
Die verfluchte Vergänglichkeit.

Sorry, Monsieur Casanova.
Bis zu Viagra ist es noch weit.

Ironman

Er ist das Ideal
aus längst vergangener Zeit:
Ein Kerl so hart wie Stahl
und jederzeit bereit.
Er hat die Welt nicht ein -
nein 13 Mal gerettet.
Und jeder hätte jederzeit
auf seinen Sieg gewettet.

Er ist Agent der Krone,
der Pflicht und Kür nicht trennt.
Berühmt als Sex-Ikone
und Frauenkonsument.
Omnipotent zu Lande,
zu Wasser und im Bett,
spielt er mit seinen Feinden
gern russisches Roulette.

Ob wir ihn lieben oder nicht:
Er bleibt stets 007
mit wechselndem Gesicht.

Abrüstung

Eines Tages kennt niemand mehr
das Wort: Kurzstreckenrakete.
Oder Panzer. Oder Minenfeld.
Oder leichtes Sturmgewehr.
Und der nukleare Sprengsatz
mit Abschreckungsgarantie
ist dann ebenso vergessen
wie die schwere Artillerie.
Denn mit wachsender Desarmierung
der Kriegsmaschinerie
verschwindet auch deren Wortschatz
aus den Köpfen der Komparserie;
jenen 300 Millionen
auf dem alten Kontinent,
die ein atomares Feuer
in Minutenschnelle verbrennt.

Nur ein Wort bleibt uns erhalten,
ein Wort, das niemals vergeht;
dessen ursprüngliche Bedeutung
dann kein Mensch mehr versteht:
Der General.
Ein General, dem niemand salutiert.
Ein General, der nicht befiehlt
und nie eine Schlacht verliert.
Ein General, dessen Wirkung
uns die Fernsehwerbung erklärt.
Ein General für den Frieden -
und den Glanz am heimischen Herd.

Der Pfirsich

„Der Pfirsich", sagt der Konzernstratege
zum Finanzierungskonsortium,
„wird Mittelpunkt unserer Arbeit sein.
Auf ihm, und nur auf ihm allein,
errichten wir ein Imperium."

Die Skeptiker äußerten Zweifel.
Sie glaubten nicht daran,
dass ein gewöhnlicher Pfirsich
ein Imperium tragen kann.
„Meine Herrn, meine Herrn, ich bitte Sie!
Es gibt keine andere Strategie!
In unserer Marketingstudie
wird zweifelsfrei dokumentiert,
dass der Pfirsich, und nur er allein,
uns satten Gewinn garantiert."

Am Ende hat das Konsortium
die Pfirsich-Idee gebilligt
und die zum Bau des Imperiums
benötigten Mittel bewilligt.

Noch heute staunen die Aktionäre
bei jedem neuen Geschäftsbericht,
wie spielend leicht das Imperium
Millionengewinne macht,
mit einer Creme, die über Nacht,
jedem Teint, jedem weiblichen Gesicht,
die Samthaut eines Pfirsichs verspricht.

Mercedes

Mercedes heißt die Dame,
doch sie gibt sich nicht jedem hin.
Nur dem, der ihren Preis bezahlt,
verschafft sie Lustgewinn;
und Prestige und öffentlichen Glanz.
Und fördert mit ihrem Namen
die männliche Arroganz.

Präsidenten und Generäle
hat sie auf und in sich bewegt;
selbst gekrönte Häupter und Potentaten,
bei denen sich sonst nichts mehr regt.

In Manager-Dienstverträgen
ist ihr Name fester Bestand.
Und sie erzielt Spitzenpreise
beim Besitzwechsel aus erster Hand.

Dem Kreis der Nachwuchseliten
ist sie Leitstern am Firmament;
ein Lebensziel, dessen Erreichen
kein Karrierehindernis kennt.

Ihre Leistung und ihre Formen
werden weltweit diskutiert.
Verglichen. Bewertet. Getestet.
Und im Windkanal ausprobiert.

Nur wer nicht zum Führer geboren ist,
zum Lenken oder zum Machen,
wem die menschlichste menschliche
Eigenschaft fehlt,
die Liebe zu toten Sachen:
Den lässt sie kalt.
Der rührt sie nicht an.
Dem fehlt sie nicht zum Leben.
Der verhöhnt, die sie lieben, neidlos-frech,
wenn er öffentlich bekennt:
„Mich reizt sie nicht. Ich brauch' sie nicht.
Mir ist Mercedes Blech."

Die Karrierefrau

Sie trägt weder Seidenstrümpfe
noch Kleider von Christian Dior.
Auch ein Diadem von Tiffany
kommt in ihrem Dasein nicht vor.
Man hat sie noch nie im Ritz geseh'n
und noch nie an Harry's Bar.
Und trotzdem ist sie so begehrt,
wie selbst Marilyn es nie war.

Die Klatschreporter verfolgen sie;
wollen wissen, mit wem sie geht.
Mutmaßen, wem ihre Gunst gehört
und seit wann die Beziehung besteht.

Doch sie ist diskret. Sie plaudert nicht.
Gibt keinen Namen preis.
Belässt es bei Mutmaßung und Gerücht
und liefert keinen Beweis.
Dabei ist es offensichtlich
und Gewissheit in aller Welt:
Viele Männer, denen sie nah war,
verdanken ihr Ruhm und Geld.
Man tuschelt von Qualitäten,
die ausschließlich sie besitzt;
und die jedem dieser Männer
für seine Karriere nützt.

So lassen die sich dann feiern
und ehren in aller Welt,
und öffentlich plakatieren:
Ich bin der moderne Held!
So gehören sie denn zur Elite,
jener auserwählten Schar,
die es auf der Welt nicht gäbe,
ohne Dich, Anna Bolika.

Scirocco

Der Vorstand des Automobilkonzerns
rieb sich die Augen um besser zu seh'n:
Denn was da kam, was da geschah,
das war noch niemals gescheh'n.
Ein Beduine, ein Wüstensohn,
im langen, weißen Gewand,
auf einem Pferd, so glänzend schwarz
wie Gomeras Lavastrand,
galoppierte heran durch den Mittelgang
der Aktionärstribüne,
parierte das Pferd, sprang ab und dann
auf die Hauptversammlungsbühne.
Und eh man ihn fragte, sprach er selbst:
„Ich verlange Lizenzgebühren."
„Lizenzgebühren? Für was, für wen? Für eine
juristische Person?"
„Lizenzgebühren für einen Wind,"
entgegnet der Wüstensohn.
Ratlosigkeit. „Für einen Wind?"
„Für einen Wüstenwind, ja,
der von Afrika nach Europa
seit Menschengedenken weht
und dessen Name am Kofferraum
eines ihrer Autos steht."

Der Vorstand weigert sich bis heut',
den Anspruch anzuerkennen.
Doch wurde der Plan zurückgestellt,
den neuen Kleinwagen des Konzerns
nach jenem Wind zu nennen
für den das gesamte Menschengeschlecht
die Urheberrechte hält.

Die Verführung

Wie habe ich diese Frau begehrt
im Erste Klasse Abteil!
Sie las. Blickte auf und lächelt mich an,
so zärtlich, wie nur eine Frau lächeln kann.
Doch dann steht sie auf, ganz unvermittelt
und geht auf den Gang hinaus,
wo ein anderer Mann am Fenster steht
und sich, als sie kommt, halb zu ihr dreht.
Sie berühren sich leicht.
Und in diesem Moment geschieht, was
noch niemals geschah:
Sie zieht ihn mit ihren Augen aus
und ist ihm plötzlich ganz nah.
Schmiegt sich an seine Brust,
streichelt ihm zärtlich das Kinn.
Berührt mit den Lippen sein lockiges Haar
und murmelt ein Wort vor sich hin.

Ich bin überrascht, glaub' nicht, was ich seh':
Diese plötzliche Triebhaftigkeit!
Dieser Ausbruch weiblicher Sinnlichkeit
im Gang eines ICE!

Dann versteh' ich das Wort und begreife,
ein Wort, das alles erklärt:
Das Duschgel mit dem männlichen Duft
hat diese Frau betört.

Der Meister

Der Werbemann hebt die Stimme
und sieht mich durchdringend an:
Sie haben im Schmutz gelebt,
so weit ich zurückdenken kann.
Von glanzlosen Möbeln umgeben,
an denen der Fliegendreck klebt.
In sämtlichen Fensterecken
haben Spinnen ihr Netz gewebt.
Der Fußboden war stets stumpf.
Nie konnte man von ihm essen.
Und die Schublade der Kommode
haben Holzwürmer angefressen.
Einem Heer von Krankheitserregern,
Bakterien und Mikroben
waren sie ein willkommener Wirt.
Ihr Haus ist ein Schweinekoben!
Doch das hat sie nie gestört.

Ich fühle mich schuldig. Ich bin geknickt.
Aber jetzt, sagt der Mann und lächelt,
ist das Vergangenheit.
Mit diesem – und er zeigt ihn mir -
beginnt die neue Zeit.
Mit dem?, frage ich. Diesem Muskelprotz,
diesem kahlen Yul Brunner-Verschnitt?
Genau mit dem. Der begleitet Dich
ab heute auf Schritt und Tritt.

Aber, versuche ich einzuwenden.
Unterbrich' nicht!, donnert es zurück.
Dieser Mann – und er zeigt ihn mir noch mal -
ist Garant für Dein Lebensglück.

Er bringt Citrusduft in Dein Haus.
Und die krankheitserregenden Keime,
die rottet er rücksichtslos aus.
Was soll ich tun, bei so viel Glanz,
so viel duftender Citruskraft?
Ich gebe klein bei. Ich füge mich.
Meister Proper ist stärker als ich.

Sportliches

Wettlauf

Ich entwickle mich.
In die gewünschte Richtung?
Hoffentlich.
Schreibe und bleibe.
Unvergessen?
Sei nicht vermessen.
Wer wird zum Schluss der Erste sein?
Das Entwicklungsende oder Freund Hein?

Fußballgeschäft

Er hat erfolgreich demonstriert,
wie man Gewinne maximiert
auch wenn man wenig investiert.
Als Schiedsrichter des DFB
hat er mit seiner Pfeife
ein Spiel manipuliert.

Olympia

Auch wenn diese Sportart olympisch wird:
Deutsche Sportler und -innen
werden dort niemals gewinnen.
Wir haben es nicht in den Genen
uns selbst auf den Arm zu nehmen.

Im Stadion

Der Schrei der Toren
klingt in den Ohren,
wie das Zwitschern der Nachtigall.
Jedenfalls dann,
wenn der Tor ein Mann,
der ein Tor der Bayern
bejubeln kann.

Sport im 21.

Sport ist gesund, jedoch nicht immer.
Manchmal macht Sport fett.
So ging es Karl, dem Surfer.
Der surfte nur im Internet.

Tour de France

Testosteron ist ein Hormon,
das Stehvermögen verleiht.
Wer es im Übermaß besitzt,
der rühmt sich:
Jederzeit bereit.
Doch jetzt hat das Sexualhormon
eine völlig andere Funktion.
Als Extraportion im Hodensack,
befördert er das Betrügerpack,
an die Spitze des Peloton.

Gesellschaftliches

Unter der Haube

Was suchst Du unter der Haube, mein Freund?
Das Antlitz einer schönen Frau?
Nein. Ich suche den Motor
meines neuen SUV.

Karneval in Nizza

Der Karnevalszug formiert sich.
Im ersten Wagen sitzt, riesengroß,
die Hauptfigur des Gepränges.
Aber nicht der Mann aus dem Elysee
sondern ein Rugbyspieler:
Le roi de la grande mêlée,
der König des großen Gedränges.

Wintermeer

Schließ die Augen
und sieh das Meer,
das nur 2 Tage hinter Dir liegt.
Spüre die Sonne auf Deiner Haut,
eh die Erinnerung langsam verfliegt.
Mitten im Winter!
Es war schön.
Meer, ich will Dich bald wiedersehn.

Standortbestimmung

Immerhin
weiß ich, wer ich bin.
Außerdem
kenn ich mein Problem.
Nur die Lösung fällt mir nicht ein.
Dafür müsst' ich wohl außer mir sein.
Reicht es, wenn ich neben mir steh'?
Oder mich klein aus der Ferne seh'?
Egal.
Ich probiere es mal.

Germany's next ......

Mädchen schminken ihr Gesicht.
Mädchen prüfen ihr Gewicht.
Mädchen üben tagelang
den gepflegten Katzengang.

Diese Mädchen eint ein Traum,
der sie zweifelnd – lustvoll quält:
Dass die Jury,
sie und nur sie
zum Kleiderständer des Jahres wählt.

Schönheitsmaß

Er war ein Modelleur
ein Ausnahme-Skulpteur
mit Messer und Skalpell.
Halb Hollywood verdankt ihm
Aristokratennasen
und frisch gestrafftes Fell.
Auch Diven-Busen hob er,
Schwerkraftgesetzen zum Hohn,
mit kleinen, festen Schnitten
und Bergen von Silikon.

Nur eine Kritik des Publikums
ist bisher nicht verklungen:
Michael Jacksons Nase gilt
als eklatant misslungen.

Todernst

Ernst hatte heut' Geburtstag,
doch trotzdem sah er rot.
Als Zielgruppe der Werbung
ist man mit 50 tot.
49 ist die Grenze, an der man halten sollte,
wenn man als Konsument
umworben werden wollte.

D sucht den Superstar

Für sie war sonnenklar:
Sie war ein Star.
Was fehlte, war das Publikum,
dem sie beweisen konnte, warum.

Als sie gesungen hatte, war die Jury
sich grenzenlos einig wie noch nie.
Einmalig! Ja, das waren Sie!
Einmalig? Demnach konnte sie
auf eine Weltkarriere hoffen?
Wohl kaum. Als Einzige hatte sie
nicht einen Ton getroffen.

Die Lyrikerin

Ich versuche, sagt die Lyrikerin,
seelische Regung in Sprache zu kleiden.
Ich schaffe, sozusagen, sprachliche
Haute Couture.
Und was erwarten Sie dafür?
Anerkennung des Publikums.
Und Ihre.
Meine? Machen wir's kurz:
Was Sie in passende Worte kleiden,
ist bestenfalls seelische Blähung.
Oder, vulgär doch präzise,
der gewöhnliche Furz.

Teuflisch

Welche Macht hat der Druckfehlerteufel?
Obgleich in Friesland nur 2%,
macht er aus Friesen Riesen.
Zu einem Theaterstück meldet er glatt:
Die Verführung findet um 20 Uhr statt.
Doch nicht alles ist teuflisch zu begründen.
Die Kanzlerin zu beschneiden,
ist nicht dem Teufel anzukreiden.

Freund Hein

Ich saß mit Freund Hein
Bein an Bein,
in der Stierkampfarena von Murcia.
Als die Toreros in Dreierreih'n
über den Sand der Arena schritten,
fragte ich Hein:
Wen wirst Du dieses Mal zu Dir bitten?
Nur die Stiere? Ein Pferd? Einen Picador?
Einen Banderillero? Den Matador?
Hein wandte sich halb zu mir um.
Von denen da unten keinen.
Dieses Mal hol' ich mir einen
aus dem Publikum.

Lustmord

Nach sinnlos verspielten Tagen,
deren Zahl er nicht mehr erinnern kann,
schob er abrupt den Stuhl zurück
und zeigte sich selbst des Mordes an.
„Ich konnte es nicht mehr ertragen,"
gab er zu Protokoll.
„Ich habe, und das ist meine Schuld,
per Computer die Zeit totgeschlagen."

Prinzliches

Als sich der Prinz in den Finger schnitt,
erkannte seine Frau:
Er war kein Mann von Adel.
Sein Blut war rot, nicht blau.

Prinzliches II

„Ich bin kein Hund," sagte der Prinz
seinen adligen Gesellen.
Stieg herab aus dem Geäst und
ließ seinen Stammbaum fällen.

Gott ist anders

Er lässt uns nicht jubeln,
er lässt uns nicht leiden.
Gott ist die Fähigkeit in uns,
gut und böse zu unterscheiden.

Selbstporträts

Personenbeschreibung

Für ihn und nur für ihn,
musste Urwald gerodet werden,
um neues Weideland zu schaffen,
für riesige Rinderherden.

Sein Name ist weltweit geläufig,
wie „Blitzkrieg" und „Kindergarten"
und niemanden, der ihn sich bestellt
lässt er lange auf sich warten.

In den besten Lagen der Städte
ist er seit langem zuhaus.
In seinem Reich geht das Neonlicht
und die Herdplatte niemals aus.

Wem diese Personenbeschreibung gilt?
Mir selbst und vielen, die mich kennen.
Allen, die in Hamburg geboren sind
und sich deshalb Hamburger nennen.

Unter Freunden

Kannst Du das?
Was?
In der Warteschlange im Supermarkt steh'n
und die Fresken von Michelangelo seh'n?
Oder die Porträts von El Greco
im Prado-Museum, Madrid?
Nein.
Armes Schwein.

Überschätzung

In Phasen der Selbstvergessenheit,
der tagträumerischen Vermessenheit,
möchte ich Erich Kästner beerben.
Bei welcher Instanz kann ich mich bewerben?

Herkunft

Genetisch bin ich, mit Genom und Proton,
ein Massenprodukt der Evolution.
Bringt mich diese Erkenntnis weiter?
Stimmt sie mich traurig oder heiter?
Worin liegt der Sinn?
Darin: Ich bin.

Enkel

Wenn wir nicht
und ihr nicht
gäb' es sie nicht.
Und wenn – was ich hoffe,
eines Tages auch sie,
wird es uns noch geben,
wenn wir längst nicht mehr leben.